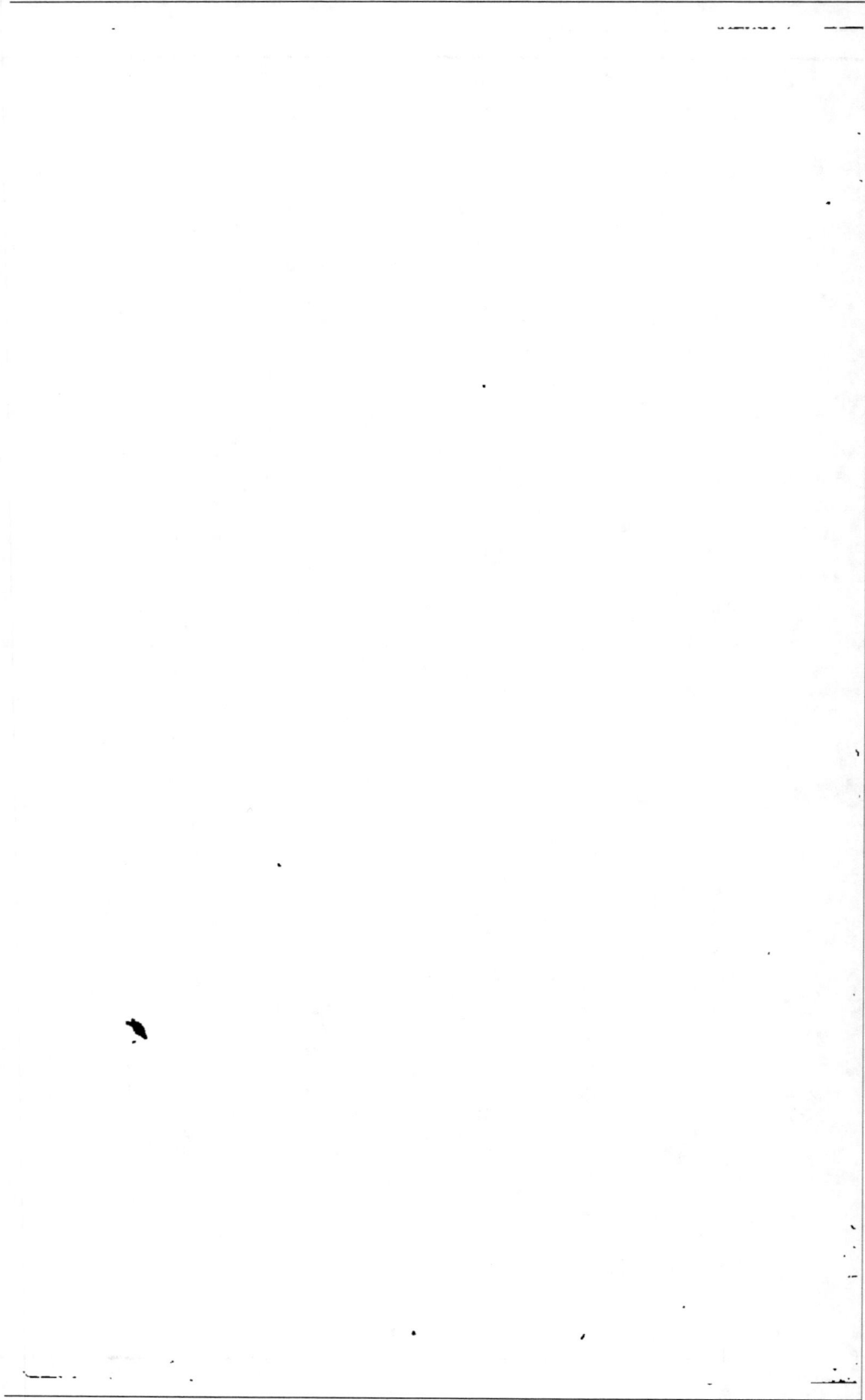

LE BIENHEUREUX

RÉGINALD D'ORLÉANS

SA VIE ET SES VERTUS

proposées

À la dévotion des fidèles sous forme de neuvaine

avec des élévations de l'âme vers Dieu

Par le P. Fr. Hyacinthe-M^{ie} CORMIER

Prieur du Couvent des Frères-Prêcheurs de Marseille.

MARSEILLE.

IMPRIMERIE CATHOLIQUE Ve P^{re} CHAUFFARD

RUE DES FEUILLANTS, 20.

—

1876

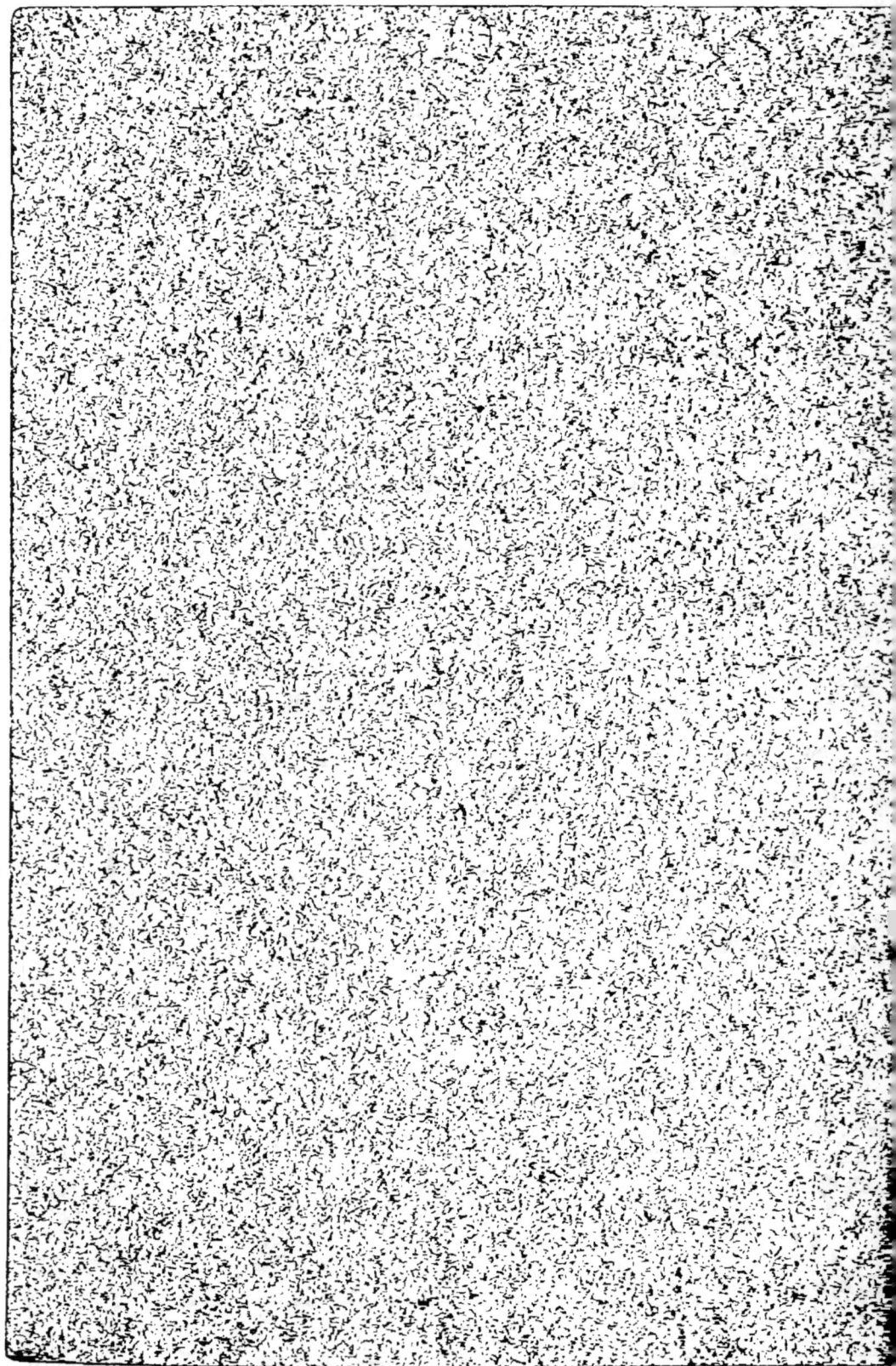

LE BIENHEUREUX

RÉGINALD D'ORLÉANS

SA VIE ET SES VERTUS

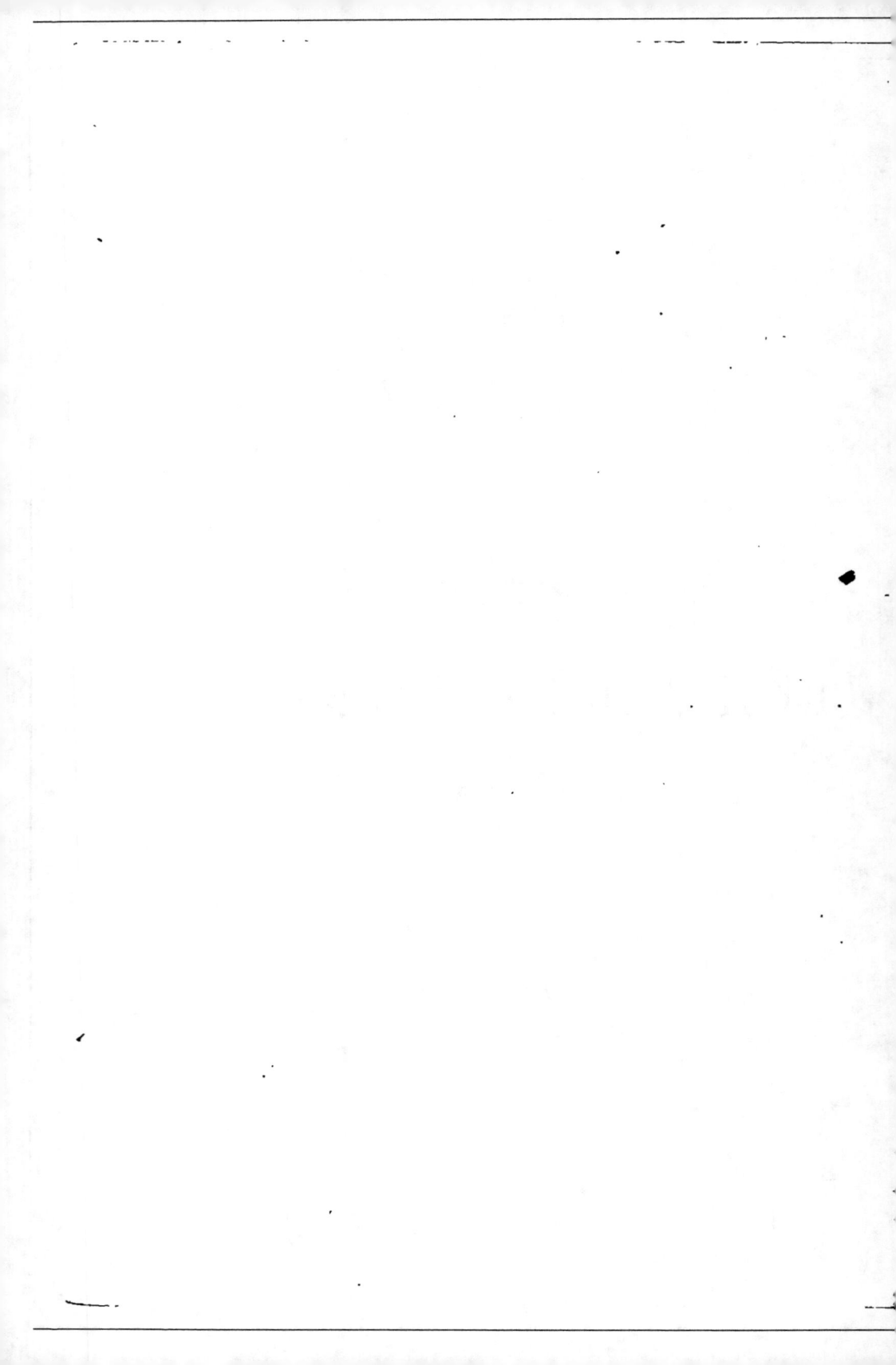

LE BIENHEUREUX

RÉGINALD D'ORLÉANS

SA VIE ET SES VERTUS

proposées

à la dévotion des fidèles sous forme de neuvaine

avec des élévations de l'âme vers Dieu

Par le P. Fr. Hyacinthe-Mie CORMIER

Prieur du Couvent des Frères-Prêcheurs de Marseille.

———∘∘⚜∘∘———

MARSEILLE.

IMPRIMERIE CATHOLIQUE Ve Pre CHAUFFARD

RUE DES FEUILLANTS, 20.

—

1876

APPROBATION

Ayant examiné, par ordre du T. R. P. Provincial, la Neuvaine au Bienheureux Réginald du Père Cormier, nous n'y avons rien trouvé qui s'opposât à sa publication. Il nous semble, au contraire, qu'elle résume d'une manière intéressante la vie du Serviteur de Dieu ; et que, par les réflexions surnaturelles qu'elle en tire, elle peut édifier les fidèles, et même les ecclésiastiques et les religieux.

Fr. Albert Gebhart, S. Th. L. des FF. Prêch.

Fr. Emmanuel Manuel, S. Th. L. des FF. Prêch.

Examinateurs des livres.

Vu l'approbation ci-dessus, nous permettons l'impression de la Neuvaine au Bienheureux Réginald, *Servatis servandis.*

Fr. Louis-Mas ,
Provincial des Frères-Prêcheurs
de la Province de Toulouse.

Imprimatur,

Massiliæ, die 25ₐ Jan. 1876.

† C. Ph. *Episcopus Massilien.*

PREMIER JOUR

Le Bienheureux Réginald dans l'état ecclésiastique 1.

L'histoire du douzième siècle garde le silence sur les premières années du Bienheureux Reginald d'Orléans, appelé aussi, *de S. Gilles* [2]. Était-il originaire d'Orléans même? ou de quelque pays de l'Orléanais appelé St-Gilles? ou de la petite ville de Provence qui porte ce nom [3]? Rien ne nous l'indique d'une manière décisive, bien que des auteurs modernes aient adopté ce dernier sentiment. — Le serviteur de Dieu nous apparaît pour la première fois, déjà prêtre et célèbre Docteur. Comme il avait fait ses études à Paris avec beaucoup de succès, l'Université de cette Capitale tint à honneur de l'avoir pour professeur de droit canonique; et il y

---

[1] Voir, pour les sources où les faits sont puisés, le sommaire du procès de Béatification imprimé et révisé à Rome.

[2] Reginaldus à St Ægidio.

[3] dans le diocèse de Nimes.

enseigna pendant cinq ans. Alors les Chanoines de St Aignan, illustre collégiale de la Ville d'Orléans, ayant perdu leur Doyen, ne crurent pas pouvoir lui donner un successeur plus digne que Réginald. En effet, l'étude approfondie des lois ecclésiastiques loin de dessécher son cœur, l'avait conduit par la méditation à la connaissance plus claire des vérités fondamentales du Christianisme : comme le malheur de la chute originelle, le mystère de la Rédemption par Jésus-Christ, et la participation de Marie à cette Œuvre de miséricorde. Aussi, chaque jour il se sentait plus porté à la prière, à la reconnaissance envers Dieu, à la dévotion envers la Reine du Ciel, et à la compassion pour les malheureux. La nouvelle dignité qu'on l'obligea d'accepter, en l'attachant par des liens nouveaux à l'office de l'Eglise, le rendit encore plus ami de cette vie cachée en Dieu, ennemie du luxe et dévouée aux pauvres, qu'il servait avec une incroyable tendresse. Ainsi se montrait-il partout l'*homme de Dieu*, consacrant le jour à la miséricorde et réservant la nuit pour les saints cantiques : *In die mandavit Dominus misericordiam suam et nocte canticum ejus* [1].

[1] Ps. 41.

ÉLÉVATION.

Que vous êtes admirable, ô mon Dieu, dans l'institution du Sacerdoce chrétien! Et que l'hérésie est mal inspirée, quand elle s'obstine à ne voir dans le rôle du prêtre que celui d'un vieillard ordinaire, plus ou moins formé, plus ou moins brisé par le long contact des choses humaines! Pour vous, la vieillesse que vous demandez à vos prêtres, c'est une vie sans reproche [1]; au lieu d'une couronne de cheveux blancs vous mettez sur leur front votre caractère divin; et les voilà devenus médiateurs entre la terre et le ciel !

Ce n'est pas seulement en célébrant chaque matin le Sacrifice de l'Autel qu'ils exercent leur médiation puissante, mais en vous offrant sept fois le jour, une hostie de louange parfaite, dans l'Office divin. Ce sacrifice est surtout spirituel; car il se compose d'une louange éclairée par la foi, nourrie de la doctrine des Pères, animée par le souffle de l'Esprit Saint et consommée dans la charité. Mais afin d'être complet, il est en même temps extérieur; car c'est le fruit des lèvres de vos ministres et

[1] **Quorum** probata vita senectus sit. (Pontifical)

l'offrande de leur voix [1]. L'air en est ébranlé, l'enfer en frémit, la nature s'en réjouit; et toute créature, unie à la parole et au cœur du prêtre, remonte sans cesse, par la prière, vers Celui qui l'a créée pour sa gloire.

Moi aussi, mon Dieu, quand même je serais le moindre des fidèles, j'ai une place dans ce concert harmonieux. Ma prière personnelle, hélas! bien languissante, monte jusqu'à vous portée par la prière ecclésiastique; vous daignez l'entendre, elle vous devient agréable, et vous l'exaucez. Je vous en remercie, ô mon Dieu! et je vous prie d'augmenter en moi l'intelligence et l'amour de la prière liturgique, afin que, par elle, je prie comme le recommande votre Psalmiste, avec goût et sagesse: *Psallite Domino: psallite sapienter* [2].

PRATIQUE: Assister ponctuellement aux offices divins; s'unir, du cœur et de la voix, au chant des hymnes et des psaumes.

---

[1] Fructum labiorum (Hébr. 13). — Hostiam vociferationis (Ps. 26).

[2] Ps. 46.

DEUXIÈME JOUR

Le Bienheureux Réginald appelé à l'état religieux.

Malgré une vie si exemplaire, bénie de Dieu et honorée des hommes, le Doyen de S. Aignan était souvent pensif. La vue de tant d'âmes qui se perdent, faute de secours, le tourmentait; il craignait qu'un jour Dieu ne lui reprochât d'avoir dépensé au milieu de spéculations vaines ou de douceurs égoïstes un talent propre au rachat des âmes. L'idéal de l'Apostolat eut été, pour lui, de parcourir à pied les pays les plus délaissés, en prêchant l'évangile et en vivant d'aumônes. Mais aucun genre de vie approuvé par l'Eglise ne réalisait pleinement ce bel idéal qu'il s'était formé. Cependant, Dieu appréciait de si généreux désirs; et quand ils eurent longtemps, comme une flamme intérieure, purifié, dilaté et affermi son âme, la Providence le mit sur le chemin où son avenir allait lui être révélé.

Manassés Evêque d'Orléans, désirant visiter

par dévotion, Rome et la terre Sainte, choisit
Réginald pour compagnon de son pélerinage.
Or tandis que le serviteur de Dieu, en vénérant
le tombeau des SS. Apôtres, découvrait à un
Cardinal ses aspirations intimes, celui-ci lui
parla de « Maître Dominique» dont la prédication
émouvait alors toute la ville de Rome. Dès que
Réginald l'eut connu, l'eut entendu, et eut été
témoin du genre de vie qu'il menait avec ses
compagnons, la lumière jaillit dans son âme :
son rêve était réalisé. Il forma donc le dessein d'entrer parmi les Frères-Prêcheurs ;
et certains présument même qu'il en prit
dès lors l'engagement [1] ; car à cette épo-
que, on pouvait faire profession avant de
prendre l'habit religieux , comme il arriva
au B. Jourdain de Saxe, premier successeur
de St Dominique [2].

[1] Le bas relief du tombeau de St Dominique à
Bologne, exécuté peu d'années après sa mort, con-
sacre 3 scènes à la vie du B. Réginald. Dans la 1re,
il fait profession entre les mains de St Dominique: dans la 2me il tombe malade: dans la 3me il
est miraculeusement guéri..

[2] Nondum quidem secundum habitum fratri,
sed jam professo. (B. Jord. Vit. S. Dom.)

ÉLÉVATION.

D'où viennent dans l'âme chrétienne ces appels silencieux à une sainteté plus parfaite? Et pourquoi, lorsque passe entre deux cœurs cet attrait puissant, l'un est-il entrainé tandis que l'autre demeure indifférent? C'est l'œuvre de votre grâce et le secret de votre sagesse, ô mon Dieu. Il y a dans votre Cité bien des demeures ; l'une des plus vénérables est réservée à la vie religieuse ; en tout siècle je la vois peuplée, et les âges les plus tristes pour l'Eglise sont souvent ceux où la solitude fleurit d'une manière plus ravissante.

Quoique cette parfaite séparation du monde soit l'héritage d'un certain nombre d'âmes choisies, les vertus qu'on cultive dans le cloître deviennent le trésor de tous ceux qui sont unis en Jésus-Christ et entre eux, par le fond commun de la charité. Mais la perfection religieuse peut être mon partage d'une manière encore plus directe et plus méritoire. Car il m'est possible, quelle que soit ma vocation présente, d'en pratiquer continuellement l'esprit: esprit de pauvreté par le détachement des biens terrestres, esprit de chasteté par l'éloignement des vains plaisirs, esprit d'obéissance à l'égard de mes supérieurs, et quelquefois même de mes égaux.

Donnez-moi, mon Dieu, une âme sincèrement religieuse, solitaire au milieu du monde, oublieuse d'elle-même, et toujours prête à se dévouer au prochain. Répandez partout cet esprit; sollicitez les âmes, poursuivez-les, arrachez-les aux frivolités de ce monde. Alors nous verrons dans l'Eglise une floraison nouvelle de sainteté chrétienne ; et les œuvres de zèle remédieront par leur vitalité et leur variété, aux misères morales qui croissent tous les jours d'une manière si triste sous nos yeux.

Pratique: S'agréger à quelque association de charité, compatible avec nos devoirs d'état, et encouragée par l'Autorité ecclésiastique.

TROISIÈME JOUR

Le Bienheureux Réginald est guéri par la T.-Ste Vierge.

Déjà St Dominique se félicitait de compter parmi ses disciples un homme aussi saint et aussi expérimenté que Réginald ; il fondait sur lui les plus belles espérances, quand il le vit saisi d'une fièvre violente, et en peu de jours condamné par les médecins. Le St Patriarche ne pouvait se résigner à une perte si imprévue ; Dieu même le poussait intérieurement à espérer contre toute espérance. Dans sa tribulation il recourut, selon sa coutume, à la prière ; et ce ne fut pas en vain. Car tandis qu'il suppliait Dieu de lui rendre un fils, pour ainsi dire mort avant de naître, Réginald que ses souffrances tenaient éveillé, vit venir à lui la Vierge Marie entourée d'une douce lumière et accompagnée de Sainte Cécile et de Sainte Catherine, vierges et martyres. « Demande-moi, lui dit Marie, ce que tu désires. » — Réginald hésitait ; mais une des deux Saintes qui accompagnaient la Bienheureuse Vierge, lui suggéra de ne rien demander et de s'en remettre à la Reine de miséricorde, ce qu'il accepta volontiers. Alors, Marie lui fit plusieurs onctions semblables à celles que l'Eglise emploie pour les infirmes; et en oignant ses pieds elle disait: « J'oins tes pieds pour la préparation de l'Evangile de la paix. » Cette onction guérit subitement Réginald de sa maladie mortelle; et par un autre miracle, elle modéra tellement dans ses sens, l'inclination au mal, que depuis lors aucune tentation ne vint troubler la sérénité de son cœur.

Cette vision se renouvela un autre jour, devant St Dominique, qui, après la mort de son disciple, la raconta en chapitre devant tous les frères, pour leur édification « Moi-même, dit le Bienheureux Jourdain de Saxe, j'ai entendu ce récit: *Ego ipse interfui.* »

ÉLÉVATION.

Mon Dieu! Vous êtes le grand Maître, *Magnus Dominus* [1]. Quand il vous plaît d'éprouver votre créature, d'arrêter ses desseins, de la visiter par la maladie, et de la conduire aux portes du tombeau, elle ne doit vous dire qu'une parole: « Qui suis-je, moi néant, pour répondre à mon Dieu? Vous avez le pouvoir

[1] Ps. 47

de me plonger dans les abîmes et de m'en reti-
rer; de me vivifier et de me briser; et je dirai
oujours: C'est juste, c'est bien. »

Mon Dieu, vous êtes le bon maître, *Bonus
Dominus* [1]. Vous nous éprouvez, il est vrai,
parce que vous le voulez; mais vous le voulez
parce que c'est bon pour nous. L'épreuve nous
éclaire et nous fortifie; elle tempère par l'hu-
miliation les enivrements du succès; au milieu des entreprises les plus vastes, elle vient
tous rappeler qu'à chaque instant nous pou-
vons mourir; et au contraire, quand nous
croyons tout perdu comme dans un naufrage,
elle fait sortir de la tempête le flot providentiel
qui nous porte au but de notre destinée. Ainsi,
ô mon Dieu. nous comprenons que nous ne
sommes rien sans vous; et que par vous, nous
devenons capables de tout.

Que de fois, Seigneur, malgré toutes les
leçons que vous m'avez données, je veux encore faire le maître, m'attacher opiniâtrément
à mes desseins, me soustraire aux épreuves,
et lutter contre votre volonté sainte! Si je la
subis, c'est sans amour· et je vais peut-être
jusqu'à douter qu'elle soit juste et sage. Donnez-moi, ô mon Dieu, une âme souple et ré-

[1] Ps.134

signée. Alors je serai un instrument propre à votre gloire. Car vous aimez à faire paraître votre force dans l'infirmité, afin que, même ici-bas, on dise bien haut, avec la multitude des Bienheureux : « Dieu soit loué : le salut la gloire et la vertu n'appartiennent qu'à lui [1] »

PRATIQUE : S'abandonner humblement à la sainte volonté de Dieu dans les maladies. Faire une visite à quelque malade et l'encourager à la confiance.

———

[1] *Audivi vocem quasi turbarum multarum in cœlo dicentium : Alleluia. Salus et gloria et virtus Deo nostro est.* (Apoc. 19).

QUATRIEME JOUR

Le Bienheureux Réginald reçoit de Marie l'habit des Frères Prêcheurs.

En voyant Marie se manifester deux fois de suite à Réginald, non dans une simple vision, mais par sa présence corporelle [1], l'oindre de ses mains virginales, et converser familièrement avec lui comme un ami parle avec son ami [2], on trouvera peut-être ces faveurs trop extraordinaires, comparées au reste d'une vie sitôt achevée. — L'étonnement cessera dès qu'on aura considéré de plus haut l'ensemble des choses.

En effet, après Dieu, Marie était tout pour les Frères-Prêcheurs. Elle leur avait donné l'existence en obtenant de son Fils, à force de supplications, la fondation de leur Ordre: elle les avait protégés au milieu de grandes tentations; et elle leur avait fourni dans le Rosaire, leur

[1] Ipsa B. Reginaldum Corporaliter visitans. (Const. O. P.)

[2] Ut cum eo, sicut solet amicus cum amico, familiariter loqueretur. (Summ. p. 11)

2

arme principale pour le combat. Il convenait, afin d'achever l'œuvre, de donner au nouvel Ordre un habit nouveau [1], symbole de sa mission, et propre à le distinguer parmi les grands Instituts religieux. Ce soin revenait encore à Marie, car une mère aime à faire, de ses propres mains, le vêtement de son fils [2]. Dieu même daigna révéler ce mystère à Ste Catherine de Sienne en lui disant : « Ton Père Dominique fut un flambeau que je donnai aux hommes par Marie, pour détruire les hérésies. Oui ce fut par Marie, car c'est elle qui lui donna l'habit ; ma bonté lui en avait confié le soin [3]. »

Or Réginald était prédestiné à servir d'intermédiaire entre Marie et Dominique. Au jour de sa guérison il était donc « le représentant de l'Ordre des frères Prêcheurs ; et la Reine du ciel contractait alliance en sa personne avec l'Ordre entier [4]. » C'est pourquoi la Bien-

[1] *Dicitur Ordo novus propter novitatem habitus.* (S. Vinc. Ferr. Serm. de S. Dominic.)

[2] Solent matres in hoc diligenter incumbere ut filios decore vestiant. (Summ. p. 18).

[3] *Dial.* CLVIII—Après ces paroles divines, on ne sera pas surpris d'entendre Etienne de Salagnac, le plus ancien historien des FF. Préch. appeler Marie la *Vestiaire de l'Ordre,* felix Ordinis Vestiaria.

[4] P. Lacordaire Vie de S. Dom.

heureuse Vierge, après lui avoir rendu la santé et conféré le don d'une pureté parfaite, lui montra l'habit complet des frères Prêcheurs [1], tel qu'ils devaient désormais le porter [2], et lui dit: *Voici l'habit de ton Ordre* [3].

Depuis lors, Dominique et ses enfants portèrent fidèlement le vêtement de Marie; et les Tertiaires eux-mêmes finirent par obtenir de partager, dans une certaine mesure, ce privilège. Ils le méritaient, en s'associant avec tant de zèle aux labeurs apostoliques des Frères-Prêcheurs, et en propageant avec tant de piété le culte de Celle qui est notre avocate, notre Reine et notre Mère.

ÉLÉVATION.

O vous qui avez le bonheur d'être enfants de St Dominique, remerciez la Vierge Marie du vêtement qu'elle a daigné vous apporter du ciel. Car, si pauvre qu'il soit extérieurement, jamais Salomon dans toute sa gloire n'en eut d'aussi beau. Mais réjouissez-vous avec crainte; car autant il vous honore, autant il vous oblige, par

---

[1] *Omnem habitum.* (B. Jordan de Sax.)

[2] *Non qualem primò ut canonicus tulerat, sed qualem deferrent.* S. Antonin. Hist.)

[3] Barthélemi de Trente, qui avait connu et entendu le B. Réginald, rapporte ainsi les paroles de Marie. « Voici quel sera l'habit de ton Ordre: *iste erit habitus Ordinis tui.* »

les vertus insignes dont il contient en quelque
sorte la promesse et doit-être le reflet. La laine des
agneaux le compose en entier, pour vous inviter
à être doux de cœur, comme Celui qui s'est fait
appeler l'Agneau de Dieu, et nous a dit dans
ses Béatitudes : « Heureux ceux qui sont doux,
car il posséderont la terre.» — Par sa blancheur,
votre vêtement figure l'innocence de votre âme,
la lumière de votre prédication, l'édification
de vos œuvres, et un certain rayonnement de
joie qui doit caractériser votre manière d'aller
à Dieu. — Le manteau noir, de son côté, vous
rappelle l'esprit d'humilité et d'austérité au-
quel votre profession vous assujétit jusqu'à la
mort. Et s'il enveloppe la tunique et le sca-
pulaire blancs, c'est parce que la pureté du
cœur doit s'abriter sous le manteau de la mortification, comme l'éclat du ministère sous le
voile de l'humilité. — N'oubliez jamais ce sym-
bolisme de votre vêtement ; et chaque fois que
vous le prenez, après avoir salué Marie, faites
un retour sur vous mêmes, pour examiner si
l'intérieur de votre âme réalise ce que le vêtement extérieur annonce au regard des hommes.

Vierge Marie ! tous, Religieux et fidèles,
nous vous appartenons, en notre qualité de
chrétiens, et en vertu de certains liens parti-

culiers que nous avons librement choisis.
Faites que nous portions avec respect les li-
vrées qui sont le signe de notre dépendance.
Faites, surtout, que notre âme soit constam-
ment couverte de votre *double vêtement* [1] d'innocence et d'humilité, afin qu'en voyant notre
modestie et nos œuvres on puisse dire sans
crainte·de se tromper: Voilà un véritable enfant de Marie.

PRATIQUE: Porter fidèlement sur soi un des
scapulaires de Marie, et son Rosaire.

---

[1] *Omnes domestici ejus vestiti sunt duplicibus.*
(Prov. 21).

CINQUIÈME JOUR

Pèlerinage du Bienheureux Réginald à Jérusalem.

Les grands changements opérés par la main de Dieu et de Marie dans l'existence de Réginald ne lui avaient point fait oublier le premier but de son voyage. Il avait quitté sa Collégiale pour visiter Rome et Jérusalem. La première partie de son vœu était seule accomplie ; il voulut sans retard s'acquitter de la dernière : c'était sa promesse, c'était un devoir d'urbanité envers son Evêque qu'il ne pouvait laisser seul pendant le reste du chemin ; c'était surtout l'attrait de son âme, frappée depuis si longtemps des merveilles du mystère de la Rédemption, et avide d'en vénérer les vestiges.

Nous ignorons les détails de son voyage. Les habitants d'Augusta en Sicile, racontent bien que Réginald, à son retour des Lieux Saints, fonda leur couvent, y planta son bâton de pèlerin et le convertit en un cyprès miraculeux. Mais une semblable tradition est plus propre à constater la dévotion de ce peuple au grand serviteur de Dieu, qu'à prendre une place assurée parmi les évènements de sa vie. Ce qui est certain, c'est qu'il revint de Terre-Sainte, l'âme toute pénétrée de la Passion. La Très-Sainte Vierge l'avait comblé de ses faveurs à Rome, le Sauveur venait d'achever l'œuvre à Jérusalem, en le rendant intérieurement conforme à l'image de sa mort. Aussi Marie et la Croix furent désormais l'objet de ses deux dévotions, afin que son âme, comme celle des grands Saints, ne renfermât que force et douceur.

Aussitôt qu'il fut de retour parmi ses frères, St Dominique qui attendait avec impatience l'heure d'employer son zèle, lui ouvrit la carrière apostolique, où il allait, en si peu de temps, opérer des prodiges de conversion dignes de la primitive Église.

ÉLÉVATION.

Vous êtes, ô mon Dieu, l'auteur de la grâce et de la nature; et vous ne séparez plus ce que votre sagesse a une fois uni pour notre salut. La grâce est l'âme de vos œuvres, la nature en est l'auxiliaire et le témoin; et quand vos Saints ont quitté le lieu de leur combat, il y reste une secrète impression de leur parole, de leur esprit et de leur amour. Est-ce l'atmosphère? Sont-ce les plantes ou les rochers qui gardent ce souffle de vie et cet écho mystérieux ? Ce n'est rien et c'est tout ; l'analyse n'a rien saisi, l'âme juste a tout senti.—Que sera-ce des lieux sanctifiés par vos prédications, vos miracles et vos souffrances, ô Vous qui êtes le Verbe incarné ? Marie votre Sainte Mère, quoiqu'elle eût tous les détails de la passion si fortement imprimés dans l'âme, voulut, avant de mourir, parcourir une dernière fois les stations qui partent de Bethléem et finissent au mont des Oliviers. Ainsi elle encourageait les pèlerinages accomplis en esprit de foi et de componction ; et, la première dans l'Eglise, elle nous montrait à ranimer notre ferveur en faisant le Chemin de la Croix.

Mais, ô mon Sauveur, ce qui nous sanctifiera, ce sera surtout la parfaite conformité de nos âmes aux dispositions qui ont rendu votre sacrifice douloureux et méritoire. Oui, c'est dans votre cœur qu'il importe de suivre les traces de votre Passion. J'y entrerai donc par l'amour ; je deviendrai triste avec vous au jardin des Olives ; à votre exemple je persévèrerai dans la prière au milieu des angoisses ; je garderai le silence devant les injures, et je serai patient au milieu des mauvais traitements ou des ingratitudes. Avec vous, je monterai sur la croix ; je partagerai votre sépulture ; et j'y demeurerai caché, jusqu'à l'heure de la glorification. Opérez en moi cette divine ressemblance, ô mon Jésus ; je ne désire rien plus ici-bas.

PRATIQUE : Prendre l'habitude de faire le Chemin de la Croix une fois par semaine.

SIXIÈME JOUR

Prédication du Bienheureux Réginald.

St Dominique envoya d'abord Réginald prêcher à Bologne où l'Ordre venait de fonder un couvent. Dès le début, se révéla en lui une grâce prodigieuse pour le ministère apostolique. Sa prédication était de feu, et elle enflammait tous les cœurs. Les pécheurs obstinés évitaient de se rendre à ses discours, pour ne pas subir la fascination de sa parole, mais ils finissaient par suivre l'entraînement général, et par se convertir. Les uns se demandaient, dans leur admiration, si un nouvel Elie était venu sur la terre [1]; d'autres comparaient Réginald à St Paul, dont il semblait avoir le cœur intrépide et la Majesté [2]. De la doctrine et des exemples de son Maître crucifié, il savait tirer les applications les plus pratiques contre l'ambition, le luxe et toutes les vanités du monde. Non seu-

---

[1] *Novus surrexise videbatur Elias.* (B. Jord).
[2] *Pareva che avesse il petto e la maestà di S. Paolo.* (Summ. p. 25)

lement on écoutait ses leçons mais on les prati-
quait ; et partout ce n'était que restitutions
et pénitences publiques.

Un des principaux fruits de sa prédication
fut la conversion de la Bienheureuse *Diana*.
Elle sortait toujours richement vêtue, comme
les jeunes filles de sa condition ; et elle vint un
jour, dans cet appareil, entendre Maître Réginald. Or il se déchaînait précisément contre
le luxe et la vanité des femmes, en commen-
tant les paroles de St Paul : *Que les femmes en
priant, soient vêtues comme l'honnêteté le demande. Qu'elles recherchent pour parure la modestie et la chasteté, non une chevelure contournée,
ni l'or, ni les perles, ni les habits somptueux* [1] et
ces autres de St Pierre : *Ne vous attachez point
à l'extérieur, à la chevelure, aux ornements d'or
et à la recherche dans le vêtement* [2]. Diana se sen-
tit bouleversée et transformée Si elle était acces-
sible à la vanité, elle était capable d'un généreux sacrifice. Sans différer, elle se défit de ses
beaux vêtements, de ses rubans, de ses joyaux,
de ses bracelets et des autres ornements que les
personnes de haut rang ont coutume de porter ; elle ne pensa plus qu'à entrer dans
un monastère. Mais, ne le pouvant à cause

[1] I. Tim. 2
[2] I. Petr. 4.

des oppositions de sa famille, elle en fit
du moins le vœu ; et plus tard, après bien des
peines, elle eut le bonheur de le réaliser.
St Dominique présida la cérémonie de vêture ; et
le Bienheureux Réginald y assista, ne se las-
sant point de bénir Dieu, auteur de toute vraie
consolation.

ÉLÉVATION.

Autant vos pensées, ô mon Dieu, s'élèvent
au-dessus de nos pensées, autant votre parole
diffère de notre parole humaine. La prédication
de la parole évangélique, votre grand Apôtre
aime à le déclarer hautement, paraît *scandale* et
folie : Scandale par les maximes choquantes
dont elle impose la pratique journalière : folie
par les faibles moyens de persuasion sur les-
quels elle compte. Mais quand l'homme a écou-
té avec un cœur humble, s'est frappé la
poitrine, et a prié, votre parole devient
pour lui la parole de salut. Il y trouve une
sécurité parfaite, en s'appuyant sur votre sagesse et votre science infinies. A mesure qu'il
médite vos mystères et qu'il pratique vos
maximes, il voit s'y développer une pure et
modeste lumière : les vérités éclairent les vérités ; les vertus s'harmonisent avec les vertus ;
et vos témoignages montrent qu'ils portent en

eux-mêmes leur propre justification [1]. Que si
les raisons humaines viennent à l'appui des
raisons divines, l'âme croyante ne repousse
pas ces témoignages d'un ordre moins parfait.
Au contraire, quand elle voit les peuples par
leur histoire, les savants par leurs découver-
tes, les sages par leurs spéculations fournir à
la vérité de nouvelles armes, elle en aime d'autant plus les mystères qu'elle croit à cause de
la seule parole divine; elle est justement
fière de voir autour de Jésus crucifié ces tro-
phées de la grandeur humaine, et elle se prend
avec plus d'énergie à imiter son divin Maître.

Trop souvent, ô mon Dieu, j'ai méconnu le
caractère de votre parole sainte! Dominé par
le sens humain, qui émousse si vite le sens
divin, je n'appréciais pas dans votre enseigne-
ment, tout ce que son caractère traditionnel
a de prépondérant et d'auguste, tout ce
que les applications qui en sont faites par
l'Eglise ont d'opportun, et tout ce que son
langage dépouillé des séductions humaines a
de noble et de sincère. La prédication des
vérités fondamentales de la Religion, comme
le péché, l'enfer et la pénitence, m'éloignait;
et je courais avidement après des théories

---

[1] *Testimonia Domini vera; justificata in semetipsa.*
(Ps. 118)

vaines ou des imaginations brillantes ; je pensais trouver la foi à l'apogée de son règne, au milieu d'un cortége qui conspire pour la détrôner.

Je m'humilie, ô mon Dieu, de cette déviation dans l'esprit de foi, imperceptible au début, ruineuse à son terme. Pendant qu'il en est temps, je reviens sur mes pas ; et je veux désormais aimer d'autant plus votre parole, qu'elle me fera mieux comprendre mon néant et les merveilles toutes gratuites de votre amour.

PRATIQUE : Parler toujours avec respect des prédications que l'on a entendues.

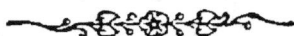

SEPTIÈME JOUR

Gouvernement du Bienheureux Réginald.

Dieu distribue ses dons avec poids et mesure, selon sa volonté très-sage. Souvent celui qui a le don de la parole n'a pas le don du gouvernement. Réginald, âme privilégiée, possédait l'un et l'autre à un degré éminent ; et St Dominique avait une telle idée de la sûreté de ses vues qu'il espérait déjà l'avoir pour successeur dans la direction générale de l'Ordre. En effet, la justice et la charité se rencontraient dans son âme pour régler sa conduite à l'égard de ceux qui lui étaient confiés. Le sentiment de la justice lui inspirait un attachement inviolable à la défense des droits de Dieu et au maintien des observances qui regardent son service. Il savait qu'une fausse miséricorde est une vraie cruauté ; il punissait donc quand il le fallait, et surtout lorsqu'il s'agissait d'infractions à la pauvreté et à l'obéissance. Les châtiments corporels lui semblaient d'un très-grand secours pour mortifier la sensualité, humilier l'orgueil et repousser le Démon ;

il ne craignait donc pas, au besoin, d'y avoir recours, et Dieu bénissait sa fermeté. Une fois, en particulier, un frère tenté de quitter sa vocation dut subir une de ces pénitences ; et aussitôt il s'écria, pleurant de reconnaissance : « Vraiment, mon Père, le démon s'est enfui, et je promets la stabilité. »

A cette sévérité paternelle, en supérieur parfait, il unissait la tendresse d'une mère. Seulement il l'employait, non à rabaisser la sainteté et l'héroïsme des vertus religieuses, mais à les faire embrasser avec ce grand amour qui rend tout fardeau léger. Sa propre conduite en était un exemple, car il accomplissait d'un cœur joyeux, les observances les plus austères. Aussi, quand un frère qui l'avait connu délicat dans le monde, lui demanda un jour s'il ne trouvait pas ce genre de vie bien sévère, il répondit en baissant la tête: «Je crains de ne rien mériter à le suivre ; j'y éprouve trop de plaisir. » En voyant sa ferveur constante, on l'imitait volontiers ; et en admirant son dévouement pour tous les siens, on ne tardait pas à lui rendre amour pour amour. C'est pourquoi lorsque St Dominique vint le remplacer à Bologne et l'envoya diriger la fondation récente faite à Paris, ce fut une désolation pour tous ses enfants, qui pleuraient de se voir en quelque sorte

arrachés au sein de leur mère. *Flebant a con-*
suetæ matris uberibus sese tam festinanter
avelli. (B. Jord.)

ÉLÉVATION.

Mon Dieu! je confesserai contre moi ma
propre injustice[1]! Je ne sais ni commander ni
obéir chrétiennement.

Quand je commande aux autres, je ne
consulte pas la foi, et je ne sais point allier le
sentiment élevé de votre justice avec les dou-
ces influences de votre charité. De là, cette
inégalité dans ma conduite et cette incohérence
dans mes œuvres. Parfois, les sympathies et
les antipathies règlent mes procédés, plus
que la considération de vos intérêts divins. Je
suis souvent dur au lieu d'être ferme, et faible
au lieu d'être bon. Je m'obstine à des choses
d'importance secondaire, et je cède devant des
obstacles qu'il faudrait surmonter malgré tout.
Pour entreprendre une œuvre qui me séduit
par certains côtés humains, je suis plein
d'ardeur ; et dans les choses du devoir où je
serais assuré du concours de la Providence, je
demeure sans élan.

Si, du moins, ne sachant pas commander, je

[1] *Dixi: confitebor adversum me injustitiam meam*
Domino. (Ps. 31.)

savais obéir! mais là encore, l'amour propre
me paralyse ou m'entraîne. Tantôt il me
pousse à la résistance; tantôt il met dans mes
manières une si mauvaise grâce qu'on re-
nonce à me rien commander; et tantôt il me
ravit ce qui est l'âme de l'obéissance en m'en
laissant le simulacre, lorsqu'il me fait exécuter
les choses parce qu'elles sont conformes à ma
volonté, non parce qu'elles sont conformes à
votre volonté souveraine. Mais c'est surtout
dans les choses ardues que mon peu d'obéissance se trahit. A certaines heures de la vie, un
effort généreux contre moi-même déciderait de
la victoire sur un défaut invétéré. L'obéissance
me met en face de cette occasion décisive; mais
la peur me gagne, je recule ; et je sors de là
plus misérable que jamais. Quel malheur, ô
mon Dieu! que d'œuvres perdues! que de
grandes occasions manquées! Donnez-moi désormais un cœur docile, afin que je marche
d'obéissance en obéissance, c'est-à-dire de
victoire en victoire.

PRATIQUE: Considérer les charges et les offices comme une manière plus méritoire de
servir Dieu et son prochain.

HUITIÈME JOUR

Mort du Bienheureux Réginald.

Réginald, guidé comme un enfant par l'obéissance, rentrait dans la Ville où il avait fait ses
études et enseigné comme docteur. Dès que
Paris l'eut entendu, comme à Bologne, il s'y
produisit un mouvement religieux extraor-
dinaire. Les jeunes gens surtout, affluaient à
ses discours pleins d'une admirable vigueur [1],
et ils se retiraient, décidés à quitter le
monde. On voyait l'heure où l'Université
allait être dépeuplée. — Parmi ces conquêtes,
nous rencontrons Henri de Cologne, et le Bienheureux Jourdain de Saxe qui devait un jour
succéder à St Dominique dans le Généralat.
Réginald l'admit à la profession, et reçut ses
engagements qui se contractaient par manière
d'*Hommage,* en mettant ses mains entre les
mains du Supérieur, pour reconnaître publi-
quement que désormais on dépendrait de lui
en tout [2]. Mais un autre que Réginald devait

[1] *Ubi acrimonia Sermonis fuit miraculo.* (Act. p. 15.)
[2] *Mancipatus, hoc est, manu captus.*

donner à Jourdain l'habit religieux. Car, tout-
à-coup, sur cette voie triomphale, Dieu appela
son Serviteur.

Depuis les merveilles de Rome et depuis les
émotions continuelles du ministère des âmes,
la vie naturelle était pour ainsi dire suspendue
en lui. A peine prenait-il un peu de nourriture
et de repos; l'amour de Jésus crucifié le pres-
sait et le minait intérieurement. Une fièvre brû-
lante s'empara de lui, et le mit à toute ex-
trémité.

Frère Mathieu, prieur du couvent, com-
prenant que Réginald allait mourir, s'approcha
de lui, le prévint que le dernier combat était im-
minent, et lui demanda s'il ne voudrait pas recevoir l'Extrême-Onction. Le Bienheureux lui
répondit : « Je ne crains pas la lutte ; au contraire je l'attends avec joie et je la désire. Car
l aMère de Miséricorde m'a donné l'onction à
Rome; j'ai confiance en elle et je me sens un
grand désir d'aller la revoir. Cependant pour
ne pas sembler faire peu de cas de l'Onction
ecclésiastique, il me plaît de la recevoir, et je
la demande [1]. » Il la reçut en effet très-dévote-
ment. Ensuite les religieux restèrent autour
de lui, tous en prières, pleurant son départ et
se réjouissant de son triomphe. L'homme de

---

[1] *Placet mihi, et eam peto* (Act. p. 3.)

Dieu humblement couché sur la cendre, tenait sans relâche, selon sa coutume, les yeux fixés vers le ciel ; jusqu'à ce que, dans un dernier élan de charité, il rendît son âme, et allât jouir de Celui qu'il avait si tendrement et si fortement aimé.

Il fut enseveli dans l'Eglise de Notre-Dame-des-Champs ; car les Frères-Prêcheurs n'avaient point encore droit de donner chez eux la sépulture.

C'était l'an de grâce 1220.

ÉLÉVATION.

O mort, ton conseil est bon [1] : meilleur que le conseil des sages, meilleur que le conseil des guerriers, meilleur que le conseil des princes ; c'est le conseil des Saints. D'abord, il est vrai, ton langage m'épouvante ; mais quand je continue à l'entendre et que je m'applique à le méditer, j'y trouve des avertissements précieux, et peu à peu un certain charme. Devant toi se lèvent je ne sais quelles lueurs d'éternité ; les rivages de la patrie se dessinent à mes yeux ; je sens les parfums de cette terre embaumée, et je la salue avec amour : « Eternité, éternité déchire tes voiles,

[1] *O Mors, bonum est judicium tuum.* (Eccli. 41.)

brise tes barrières, donne-moi mon Dieu. Mon
âme a soif du Dieu fort et vivant. Quand est-ce
que je viendrai et que j'apparaîtrai devant lui ?
En attendant, les larmes sont mon pain nuit
et jour. Cependant, mon âme, ne t'attriste pas
jusqu'à me troubler. Espère en Dieu. Aie pa-
tience au milieu des peines de la vie. Il y en a
pour peu de jours. Bientôt nous arriverons au
terme, déjà nous y sommes. Car par la foi, la
vie présente n'est qu'une image passagère, et
la vie éternelle commence en nous [1]. La foi
nous en donne la notion, la foi nous en offre le
gage, la foi en trace dans notre âme les di-
mensions, la foi en pose dans notre vie les
principales assises. Sur ce fondement solide,
toutes les vertus viennent se superposer pour
former un édifice parfait; il ne reste plus qu'à
dissiper les ombres qui le cachent, et à le pla-
cer dans une belle lumière. C'est l'œuvre de
la mort. Dès qu'elle a passé, les ombres s'en-
fuient; et la lumière de la gloire illumine ce
beau temple, préparé dans la vallée des larmes,
mais destiné au ciel. »

Seigneur! faites que je comprenne ainsi la
vie : faites que je désire ainsi la mort.

PRATIQUE : Chaque soir, et surtout dans la
retraite du mois, se préparer à la mort.

[1] *Vita æterna incohans in nobis.* (S. Th. de Fide.)

NEUVIÈME JOUR

Glorification du Bienheureux Réginald.

Si la gloire se mesure sur la grâce et sur la conformité de l'âme avec Jésus crucifié, les vertus extraordinaires de Réginald et son grand amour pour la croix suffisent à nous donner une idée de sa gloire dans le ciel. Sainte Catherine de Sienne en eut un aperçu lointain dans une de ses visions. « Elle disait, (rapporte un des témoins qui déposèrent dans le procès de Venise [1],) que St Dominique lui montrait une grande multitude de Frères, compagnons de sa béatitude, en lui exposant les mérites et les noms de chacun, particulièrement de St Pierre martyr et de St Thomas-d'Aquin. Or elle voyait un de ces Bienheureux qui brillait parmi les autres d'une gloire spéciale, et qu'elle disait s'appeler Réginald, me demandant quel était ce Réginald. Alors je ne pensai qu'au confesseur de St Thomas,

[1] Barthélemi de Ravenne, chartreux, homme très-estimé pour sa vertu.

appelé de ce nom. Mais elle repoussa mon interprétation. Et moi, réfléchissant ensuite, je compris et je crois fermement qu'elle voulait parler de ce Réginald reçu dans l'Ordre par St Dominique, et dont l'histoire des Frères-Prêcheurs raconte tant de choses admirables. »

Le culte rendu au Serviteur de Dieu sur la terre fut aussi des plus solennels. A Paris, dès après sa mort, ses reliques devinrent l'objet d'un pieux pèlerinage et furent honorées de continuels miracles. Ils étaient opérés surtout pour la guérison de la fièvre, en mémoire sans doute de la guérison miraculeuse que Marie avait accordée à son Serviteur. Ce concours dura plus de quatre cents ans, jusqu'à ce que le tombeau se trouvât compris dans la clôture des Carmélites déchaussées, introduites pour la première fois en France et attachées à l'Eglise de N.-D.-des-champs. Ces Religieuses devinrent alors les principales gardiennes de la vénération publique envers le Bienheureux, et elles l'ont fidèlement maintenue jusqu'à ces derniers temps, bien que la grande Révolution ait dispersé ses reliques et les tableaux où elles avaient représenté ses principales actions. — On ne pouvait moins attendre des filles de Ste Thérèse, si zélées pour tous les intérêts de Dieu, et si particulièrement dévouées aux enfants de St Dominique.

Mais cette gloire limitée ne suffisait pas à notre grand Saint. Dans tout l'Univers, là où les Frères-Prêcheurs ont un couvent ou une Mission, on vénère celui par qui Marie leur a donné la forme de leur vêtement. Aussi la cause de sa Béatification, lorsqu'elle parut devant le tribunal ecclésiastique, surajoutait pour ainsi dire au titre de la *durée immémoriale,* celui du *consentement général de l'Eglise,* reconnu également par le droit canonique comme faisant preuve décisive. C'est pourquoi ce procès fut un vrai triomphe. La nouvelle de sa réussite porta la joie dans tout l'Ordre de St Dominique ; et cette joie s'étendra peu à peu, ayons-en l'espoir, à toute l'Eglise de France, dont le Bienheureux Réginald fut l'ornement et doit être désormais le protecteur.

ÉLÉVATION.

C'est pour votre gloire, ô mon Dieu, que vous exaltez vos Saints : car en les couronnant vous couronnez vos propres bienfaits. Mais c'est aussi dans notre intérêt à nous, qui combattons encore sur la terre.

Vous savez combien il nous importe de multiplier auprès de Vous nos intercesseurs [1], et

---

[1] *Expedit ut apud Dominum nostri multiplicentur intercessores.* (Ben. XIV, de Béatific.)

vous comprenez que surtout aux époques
calamiteuses il nous est doux de nous reposer des
misères d'ici-bas par le spectacle de la gloire des
Saints [1]. Quoique vous vous serviez de leur
médiation pour nous faire parvenir toutes vos
grâces, vous aimez cependant à ce qu'ils soient
particulièrement invoqués dans la contrée
qui fut le théâtre de leurs vertus [2]; et vous
permettez qu'ils patronnent plus assidûment,
devant votre trône, certaines causes spéciales
qui ont de l'analogie avec les circonstances
caractéristique de leur vie [3].

C'est pour cela, Mon Dieu, que faisant chaque chose à son heure, après plus de six cents
ans d'attente, vous proposez enfin à notre
culte, le Bienheureux Réginald. Puissions-nous
tous, Seigneur, comprendre ce dessein de Providence et y correspondre.

Hommes du monde mêlés aux affaires publiques, vous trouvez les jours présents mauvais, et l'avenir menaçant. Venez honorer le
Bienheureux Réginald. Un rayon de sa gloire

[1] *Deus Ecclesiam etiam his luctuosis temporibus
multiplici gaudio in Sanctorum suorum gloria con-
solatur* (ibid.)

[2] *Ut ubi locus agonis, hanc laborum suorum mer-
cedem utcumque reportent.* (ibid.)

[3] *Quibusdam Sanctis datum est aliquibus specia-
libus causis patrocinari.* (ibid.)

vous consolera ; et le souvenir de sa magnani-
mité vous animera à préparer à vos enfants
un siècle meilleur, assis sur les bases de l'ordre
chrétien.

Prêtres de Jésus-Christ, Réginald vous at-
tend pour vous donner une bénédiction digne de
votre caractère. Afin de la mériter imitez sa solli-
citude dans le soin des pauvres, son zèle pour les
offices divins ; et priez-le de rendre aux fidèles
l'amour de la sainte liturgie, de préférence à tant
de pratiques futiles, sans autorité, sans doctrine et sans onction.

Pauvres malades, regardez le Bienheureux
sur son lit de douleur. Comme lui, invoquez
Marie. Mais si vous comprenez vos vrais intérêts, ne lui demandez rien que votre salut et
son bon plaisir.

Et vous qui travaillez à rendre à l'enseigne-
ment catholique son domaine sur les âmes, par
la fondation de nouvelles Universités, mettez
sous la protection de Réginald vos entreprises
naissantes. Car il se regarde toujours comme
l'un des vôtres, lui qui sut, par la science, former si bien l'intelligence de la jeunesse studi-
euse, et mieux encore gagner son cœur par
la bonté.

Mais vous surtout, qui êtes enfants de St
Dominique, entourez les autels du Bienheureux et priez-le d'imprimer en vous sa

ressemblance. Comme lui, prêchez Jésus cruci
fié, par les œuvres en même temps que par
parole[1]. En vrais apôtres, portez généreuse
ment dans votre corps la mortification du Sau
veur; et comprenez comme notre Bienheureux
quel est dans votre ministère la place d'hon
neur réservée à la sainte pauvreté.

Tous ensemble, adressons à l'homme d
Dieu, avant de terminer sa neuvaine, la prièr
que les anciens récitaient devant son tombeau

Prière au Bienheureux Réginald
ANTIENNE

O Bienheureux Réginald ! Vous dont la vi
fut si agréable au Souverain Roi : Vous à qui l
Reine du ciel, dans une visite merveilleuse
rendit parfaitement la santé et donna l'habi
des Frères-Prêcheurs ! guérissez toutes le
maladies de nos âmes, afin qu'admis un jou
parmi les Saints, nous puissions y contem
pler le Roi des Anges.

℣ Bienheureux Réginald, priez pour nous

℟ Afin que nous devenions dignes des pro
messes de Jésus-Christ.

---

[1] *Jesum Christum et hunc crucifixum Verbo prœ
dicabat et opere.* (B. Jord.)

ORAISON.

O Dieu tout-puissant, la fièvre de nos pas-
sions, nous afflige sans cesse : daignez, par
la pieuse intervention du Bienheureux Réginald, votre Confesseur, accorder à nos âmes
le bienfait d'une santé perpétuelle. Par Jésus-
Christ notre Seigneur. Ainsi-soit-il.

TABLE

Imprimerie Catholique de Mme Ve P. CHAUFFARD, rue des Feuillants, 20.

107

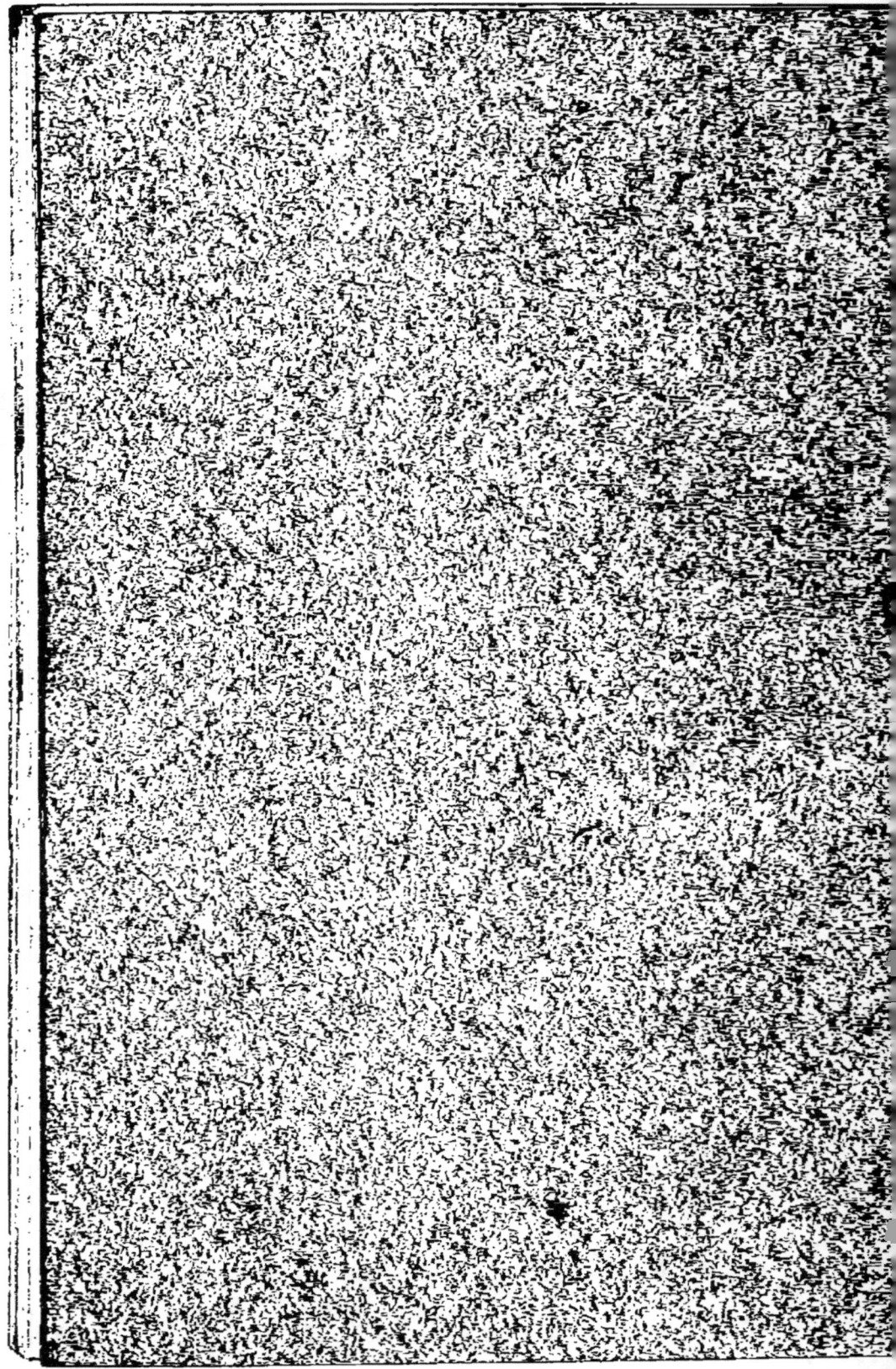

www.ingramcontent.com/pod-product-compliance
Lightning Source LLC
LaVergne TN
LVHW022033080426
835513LV00009B/1009